kettenberger

ich

du er sie

es wir

ihr sie

kettenberger

ich
du er sie
es wir
ihr sie

Für Hilfeleistung bei diesem Band bin ich
Heinz Bloemer
Armin Sailer
Walter Thierfelder
Josef Ungerechts
zu großem Dank verpflichtet.   O. K.

© 1971 Kommissionsverlage Echter und Agentur des Rauhen Hauses
Gesamtherstellung: Fränkische Gesellschaftsdruckerei Würzburg
ISBN Echter 3 429 00202 8
ISBN Agentur des Rauhen Hauses 376 00 0072 X
Bestellnummer 1501

Es interessiert mich, ob man sich Klischees entziehen kann: ich meine den Klischees, mit denen wir optisch Realität abblocken – den herkömmlichen Blickvorstellungen also –, dann den Klischees, mit denen sich jeder schon rein gestisch einordnet – den üblichen Darstellungen und Selbstdarstellungsriten –, und schließlich den Bildklischees, die wir Fotografen – derart belastet – immer wieder produzieren. Es ist also die Frage, ob man als Fotograf am Ende nicht mehr dazu beiträgt, die Realität zu verbergen, auch und vielleicht gerade dort, wo man sie scheinbar dokumentiert, als daß man auf sie hinweist. Nicht zuletzt um das zu prüfen und prüfen zu lassen: die folgenden Fotos.

Die Zitate stammen aus Texten, die mich während dieser Arbeit beschäftigten.

Gruppe in der U-Bahn · Köln 1969

Die Welt ist heilig!
Die Seele ist heilig!
Die Haut ist heilig!
Die Nase ist heilig!
...
Alles ist heilig!
Jeder ist heilig!
Überall ist heilig!
Jeder Tag ist in Ewigkeit!
Jedermann ist ein Engel!
Der Landstreicher
ist ebenso heilig wie die Seraphim!
Der Irre ist heilig
so wahr du meine Seele heilig bist!
...
Heilig meine Mutter in der Irrenanstalt!
...
Heilig das stöhnende Saxophon!
...
Heilig die Schnellgaststätten
gefüllt mit Millionen!
Heilig die geheimnisvollen Ströme
von Tränen unter den Straßen!
...
Heilig Zeit in Ewigkeit
heilig Ewigkeit in Zeit...!

Allen Ginsberg: »Fußnote zum Geheul«

Führung im Mainfränkischen Museum · Würzburg 1969

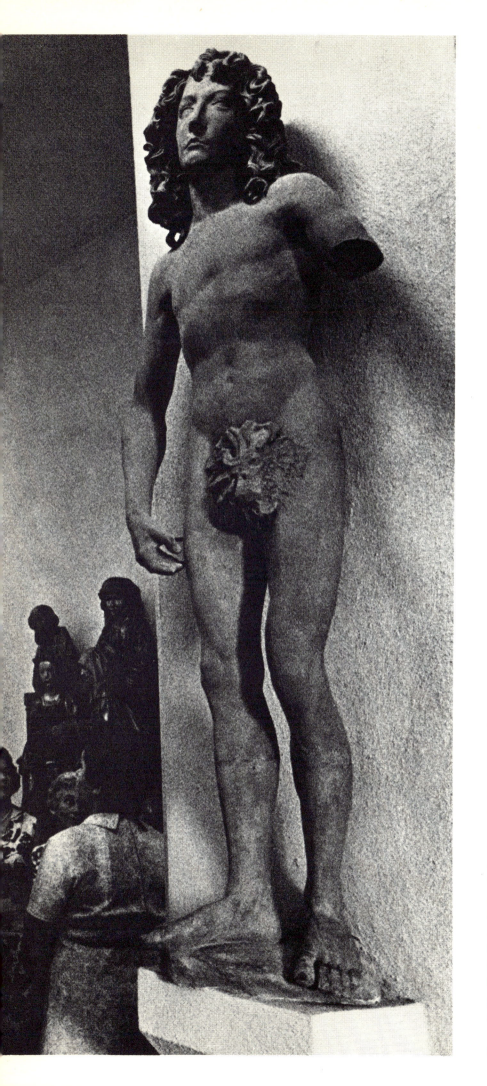

Wir haben zu lange aus dem Menschen eine »ideologische« Sache gemacht. Was ihn so besonders auszeichnet, das haben wir in die Tempel unserer Museen gesperrt, in die Regale unserer Bibliotheken gestellt, das haben wir in den Systemen unserer Philosophen sich tummeln lassen – und von all dem haben wir dann kleine Rationen auf das Haupt irgendeines armen Schluckers träufeln lassen, wenn er sich brav verhielt, im Rahmen der jeweiligen Gesellschaft, die aber auch ein Machtwort sprechen und ihn aus der Gemeinschaft der Menschheit ausschließen konnte. Das alles war Schwindel. Das Sakrament der Menschheit lebt in keiner Bibliothek, in keinem Konzertsaal, in keinem Museum, in keinem philosophischen System, aber in jedem Baby, das von einer Nabelschnur getrennt wird.

Karl Pawek: »Die Geburt des Menschen«

Rosenmontag · Köln 1969

Die Menschheit lieben?
Versuch's doch erst mit einem einzigen Menschen...

Gabriel Laub: »Verärgerte Logik«

In einem Schönheitssalon · Brüssel 1969

Der Mann begehrt die Frau nicht,
weil er sie schön findet;
er wünscht,
daß sie schön sei,
um sein Begehren zu rechtfertigen.

Henry de Montherlant: »Über die Frauen«

Modemesse
Düsseldorf 1969

Vor dem Pop-Festival · Frankfurt am Main 1970

Masken sind bewahrter Ausdruck und bewundernswerte Echos des Fühlens, zugleich wahrheitsgetreu, zurückhaltend und übersteigert. Lebende Wesen, die der Luft ausgesetzt sind, brauchen eine Schutzhaut, und niemand wirft es der Haut vor, daß sie nicht das Herz ist; dennoch scheinen es manche Philosophen den Bildern zu verübeln, daß sie nicht die Dinge selbst sind, und den Worten, daß sie nicht die Gefühle sind. Worte und Bilder gleichen Schalen: Sie sind nicht weniger Bestandteile der Natur als die Substanzen, die sie umhüllen, aber sie wenden sich stärker an das Auge und liegen offener zutage. Ich will nicht behaupten, daß die Substanz um der Erscheinung willen, die Gesichter um der Masken willen oder die Leidenschaften um der Dichtung und der Tugend willen da seien. In der Natur entsteht nichts um eines anderen willen; alle diese Zustände und Hervorbringungen sind gleichermaßen in das Dasein einbezogen ...

George Santayana: Motto zu »Wir alle spielen Theater« von E. Goffman

An einer Straßenbahnhaltestelle · Köln 1970

Aufstehen, Straßenbahn, vier Stunden Büro oder Fabrik, Essen, Straßenbahn, vier Stunden Arbeit, Essen, Schlafen, Montag, Dienstag, Mittwoch, Donnerstag, Freitag, Samstag, immer derselbe Rhythmus – das ist sehr lange ein bequemer Weg. Eines Tages aber steht das »Warum« da, und mit diesem Überdruß, in den sich Erstaunen mischt, fängt alles an. »Fängt an« – das ist wichtig. Der Überdruß ist das Ende eines mechanischen Lebens, gleichzeitig aber auch der Anfang einer Bewußtseinsregung. Er weckt das Bewußtsein und bereitet den nächsten Schritt vor. Der nächste Schritt ist die unbewußte Umkehr in die Kette (alltäglicher Gebärden) oder das endgültige Erwachen....

Albert Camus: »Der Mythos des Sisyphos«

Nach dem Abschied · Flughafen Frankfurt am Main 1969

Flugplätze, Schiffshäfen, Bahnhofshallen, Zollstationen, leere Taxistände, Autobushaltestellen, ausgeräumte Wohnungen, lange Korridore in Bürohäusern: Stätten des Durchgangs, des Niemandgehörens, der vagen Erwartung, der geheimen Angst, daß Erhofftes nicht kommt, daß das Vorläufige sich als dauernd erweist, daß Heimkehr unmöglich ist...

Luise Rinser: »Septembertag«

Sonntagnachmittag
Parkplatz Maria Laach 1969

»Weiß nit woher, weiß nit wohin –
mich wunderts, daß ich fröhlich bin!«
So sagte einst der Wandersmann. –
Wer heute reist, oft sagen kann:
»Weiß nit ‚woher', weiß nit, wozu –
mich wunderts, daß ichs trotzdem tu!«

Eugen Roth: »Gute Reise«

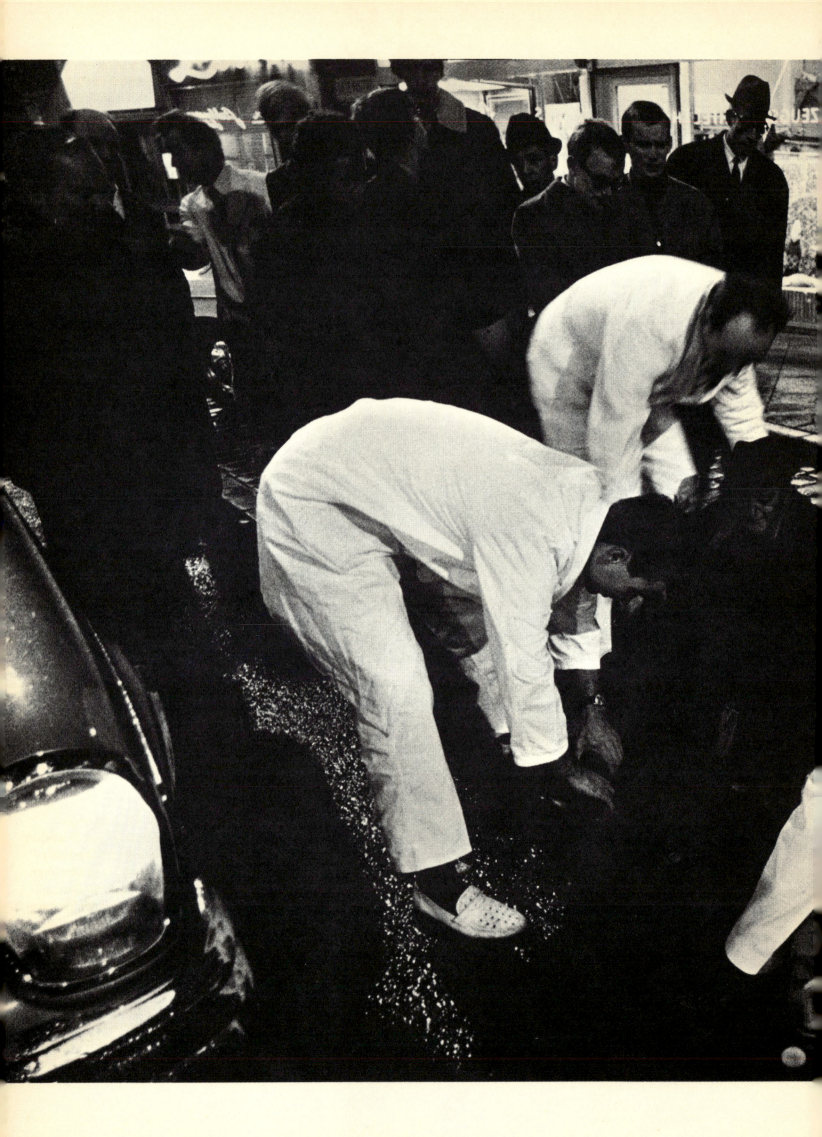

Nach einem Unfall
Frankfurt am Main 1969

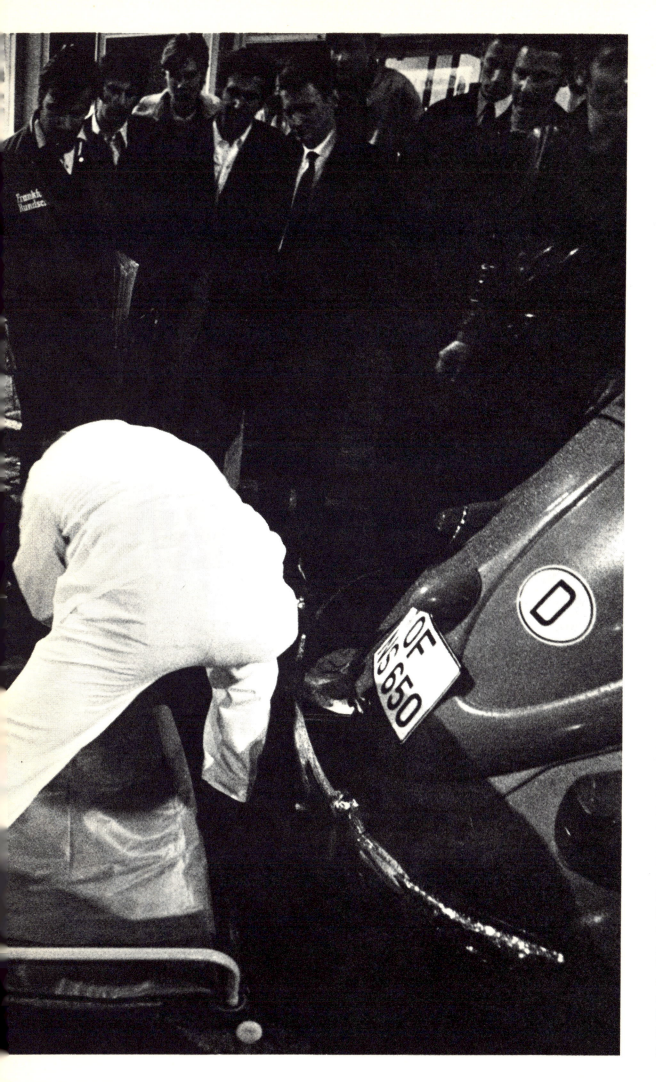

*Frankfurt/Main,
5. 11. 1969
Aus dem Polizeibericht:*

...

4. Ein 57jähriger Rentner aus Frankfurt wurde am Dienstag gegen 20.15 Uhr beim Überqueren der Fahrbahn der Eschersheimer Landstraße in Höhe Haus Nr. 41 a von einem Pkw angefahren und verletzt. Vom Notarztwagen wurde er zur stationären Behandlung in das St.-Marien-Krankenhaus gebracht.

Düsseldorf 1969

»... In Deutschland gibt es Leute, die haben Geld und sehen trotzdem traurig auf die Erde. Sollen Sie doch den Kummer denen überlassen, die kein Geld haben...«

Mustapha el Hajaj: Gastarbeitergeschichten

Unsere Traurigkeit rührt zum Teil daher, daß wir immer die gleichen sind und an jedem Morgen mit dem gleichen Problem erwachen, das zu lösen uns aufgegeben ist, nämlich uns selber zu ertragen, bis zum Abend und bis zum Tod.

Julien Green: »Wenn ich du wäre«

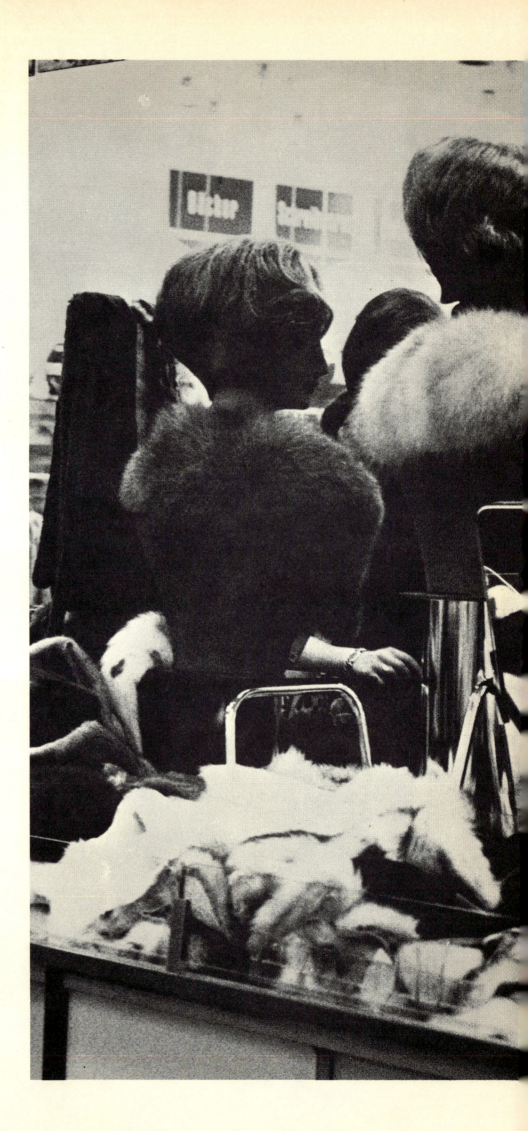

Sonderangebote · Essen 1968

Ich hab kein Heim!
- So?
und keine Schuh'!
- Arm!
Ich hab kein Geld!
- Schade!
Hab keinen Stil...
...und keinen Mantel!
- Kalt!
Ich hab kein Bett!
- Schlimm!
und keinen »Stoff«!
- Schlimmer!
und keinen Glauben!
- Katholisch!
Ich hab kein Buch!
- Schlecht!
und keine Mutter!
- So was!
Hab keinen Freund!
- Freu Dich!
und keine Bildung!
- Dumm!
und keinen Schliff!
Ich hab kein Unterhemd!
- Klau eins!
und keine Seife!
- Dreckstück!
Ich hab kein Auto!
Ich hab kein Hirn!
- Hohlkopf!
Ich hab keinen Job!
- Faulheit!
und nichts zu rauchen!
- Shit!
Ich hab kein Coke!
Ich hab kein Kleingeld!
- Mist!
und auch kein großes!
- Auch Mist!
und keinen Mann!
- Schande!
und keinen Fahrschein!
- Lauf!
Ich hab kein Glück!
- Pech!
und keinen Gott!
- Gut!

Aus dem Musical »Hair«

Am Morgen
Pop-Festival
Frankfurt am Main 1970

Stoned

Szene aus dem Musical »Hair« · Düsseldorf 1968

Das verlorene Paradies · Pop-Festival Frankfurt am Main 1970

»...gegen die Zerstörung der Welt gibt es nur eine Waffe – den schöpferischen Akt«, bekannte Rexroth, und Lawrence Lipton erweiterte den Gedanken: »Wenn die Bombe fällt, werden wir dasitzen und Gedichte schreiben und Bilder malen und Musik machen...«

Alfred Mühr: »Die frechen Söhne«

◀ »In action«
Vor der Düsseldorfer Kunstakademie 1969

In der Unterführung
am Hauptbahnhof Frankfurt am Main 1969

Wohin aber gehen wir
              (ohne sorge sei ohne sorge)
wenn es dunkel und wenn es kalt wird
              (sei ohne sorge)
aber
              (mit musik)
was sollen wir tun
              (heiter und mit musik)
und denken
              (heiter)
angesichts eines endes
              (mit musik)
und wohin tragen wir
              (am besten)
unsere fragen und den schauer aller jahre
              (in die traumwäscherei
              ohne sorge sei ohne sorge)
was aber geschieht
              (am besten)
wenn totenstille
eintritt –

Ingeborg Bachmann:
»Anrufung des großen Bären«

Holländisches Jugendorchester im Kölner Funkhaus 1970

Why can't we play today,
why can't we stay that way…?

Pink Floyd

Warum können wir heute
nicht spielen,
warum können wir
nicht auf diesem
Weg bleiben…?

Pop-Festival am Rebstock
Frankfurt am Main 1970

...Wir wollen also auf dem schwierigen Weg, auf dem wir uns befinden, das gesuchte Land wenigstens in Umrissen ahnen. Wir wollen mit dem Sextanten arbeiten können, damit wir den richtigen Kurs einschlagen und nicht durch falsche Erfüllungen betrogen werden.
Was in den alten Utopien, in den schönsten und reichsten Träumen der Menschheit schon gemeint war, das kann dazu dienen, uns aus enttäuschter Hoffnung (was wäre Hoffnung, die nicht enttäuscht werden könnte?) wieder aufzurichten und lernend aus der Enttäuschung uns zu berichtigen.

Die Hoffnung berichtigen, aus der Enttäuschung sogar wider die Hoffnung hoffen zu können, das ist unser Amt, das in die Hände der intelligenten Jugend gegeben worden ist.
Die freischwebende Intelligenz, wie sie bei Karl Mannheim heißt, ist weder frei noch schwebt sie.
Sie muß sich niederlassen und in brüderliche Allianz treten mit all denen überall um sie her, mit denen sie gemeinsame Not leidet und mit denen sie den gleichen Drang fühlt nach dem Omega, zu dem hin es geht, nach dem unentdeckten Land der Möglichkeiten und dem Ziel gemeinsamer Freiheit.   *Ernst Bloch: »Antwort an Marcuse«*

Ernst Bloch und seine Schüler · Tübingen 1969

Die Sprache ist wie ein Meißel, der alles weghaut, was nicht Geheimnis ist, und alles Sagen bedeutet ein Entfernen.
Es dürfte uns insofern nicht erschrecken, daß alles, was einmal zum Wort wird, einer gewissen Leere anheimfällt.
Man sagt, was nicht das Leben ist. Man sagt es um des Lebens willen. Wie der Bildhauer, wenn er den Meißel führt, arbeitet die Sprache, indem sie die Leere, das Sagbare, vortreibt gegen das Geheimnis, gegen das Lebendige.

*Max Frisch:
»Tagebuch«*

Pater Emmanuel liest Korrekturen
Maria Laach 1971

Ich singe im Chor,
doch nur
 Solopartien.

Stanislaw Jerzy Lec:
»Letzte unfrisierte
 Gedanken«

K. D. Wolff
im Kreis
antiautoritärer
Genossen

Buchmesse
Frankfurt am Main 1969

»...Wenn ich an vermeidbaren – wenigstens verminderbaren – Unsinn oder Starrsinn der Herrschenden denke..., habe ich starke Gefühle; dann muß ich mich im Zaum halten, damit nicht auch mir Zorn und Verzweiflung in Haß umschlagen. Aber Haß, so habe ich einsehen müssen, wenn er undurchdacht bleibt, verdirbt die Humanität. Die Energie des Zorns muß umgesetzt werden, ehe sie in Haß erstarrt...«

Alexander Mitscherlich

Friedenspreisrede Alexander Mitscherlichs · Frankfurt am Main Paulskirche 1969

Bei einer Demonstration gegen den Kapitalismus · Frankfurt am Main 1969

»...Und was wäre zu tun? Zwei, drei Existenzen sind nichts in einem aus achtzig Millionen (oder dem Vielfachen) aufgebauten Volkskörper. Vielleicht aber können sie durch äußerste Intensivierung zu Wirkstoffen werden: zu jenen seltenen, kaum oder gar nicht bekannten personalen Leistungen, die in den Blutstrom eingehen, die inneren Prozesse ermöglichen, beschleunigen, hemmen, ohne sich selbst zu verändern. Existenzen also wie Metalle. Ein einziger, der die Wahrhaftigkeit bis zum äußersten intensiviert, oder das Tragische an sich, die Kunst, den Glauben, die Liebe, kurz, extreme Existenzen tun not. Wer den Fehler macht, sie zu isolieren, sieht sie im Unrecht. Ein Wirkstoff, der ohne Gegenspieler bliebe, schädigt. Aber das Extrem findet immer seinen Gegner, wie der Ruhm seinen Feind, ein Werk die Jugend, die es verwirft und zerstört. Das Extrem kann in sich nicht vollkommen sein. Unsere wesentliche Armut ist die an Radikalität, an Menschen, die chemisch reine Elemente sind. »Reinhold Schneider: »Winter in Wien«

268 Zuschauer · Frankfurt am Main 1969

In Erwartung des Präsidenten
Frankfurt am Main 1969

empfindungswörter:
aha die Deutschen
ei die Deutschen
hurra die Deutschen
pfui die Deutschen
ach die Deutschen
nanu die Deutschen
oho die Deutschen
hm die Deutschen
ja ja die Deutschen

Rudolf Otto Wiemer

20 Jahre NATO

»Wir befinden uns in einer Übergangszeit, in der ein großer Krieg schon schlechthin verwerflich, aber noch möglich ist. So ist auch unser ethisches Verhalten zur Möglichkeit des Krieges ein unsicheres Verhalten des Übergangs...«

Carl-Friedrich von Weizsäcker

Es ist ein Irrtum zu glauben, daß die politische Form, unter der ein Volk lebt, die Quintessenz seines innersten Wesens ist – das ist sehr selten. Sie ist nur Ausdruck dafür, was es erträgt.

Kurt Tucholsky:
»Ausgewählte Briefe«

Am Mahnmal für die Opfer des Faschismus Ost-Berlin 1970

... Mißtraut gelegentlich euren Schulbüchern! Sie sind nicht auf dem Berg Sinai entstanden, meistens nicht einmal auf verständige Art und Weise, sondern aus alten Schulbüchern, die aus alten Schulbüchern entstanden sind, die aus alten Schulbüchern entstanden sind, die aus alten Schulbüchern entstanden sind. Man nennt das Tradition. Aber es ist ganz etwas anderes. Der Krieg zum Beispiel findet heutzutage nicht mehr wie in Lesebuchgedichten statt... Glaubt auch den Geschichten nicht, worin der Mensch in einem fort gut ist und der wackere Held vierundzwanzig Stunden am Tag tapfer! Glaubt und lernt das, bitte, nicht, sonst werdet ihr euch, wenn ihr später ins Leben hineintretet, außerordentlich wundern.
Und noch eins: die Zinseszinsrechnung braucht ihr auch nicht mehr zu lernen, obwohl sie noch auf dem Stundenplan steht... Es ist überholt, wie so manches...

Erich Kästner: »Ansprache zum Schulbeginn«

»Denkmalschutz« · Düsseldorf 1969

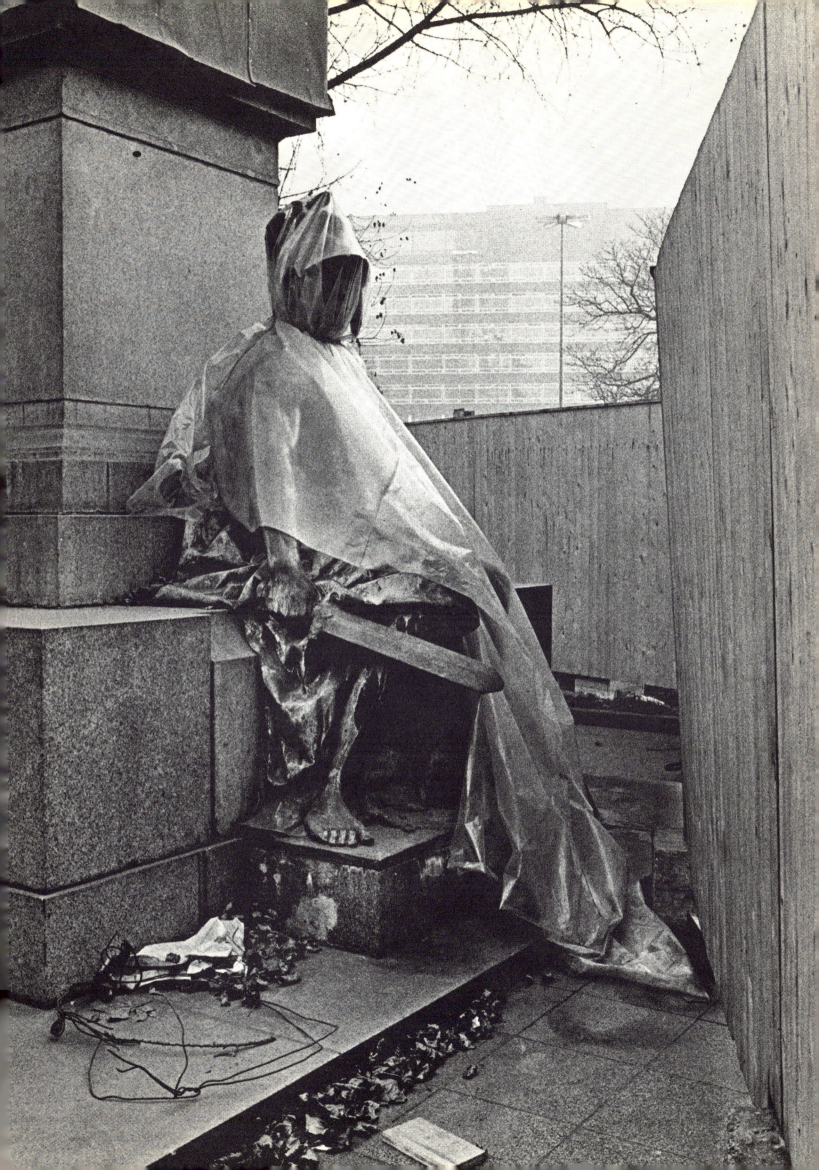

Anti-Kriegsdemonstration · Köln 1969

Wann ist denn endlich Frieden
In dieser irren Zeit
Das große Waffenschmieden
Bringt nichts als großes Leid
    Es blutet die Erde
    Es weinen die Völker
    Es hungern die Kinder
    Es droht großer Tod
    Es sind nicht die Ketten
    Es sind nicht die Bomben
    Es
        ist ja der Mensch
            der den Menschen bedroht.

Wolf Biermann

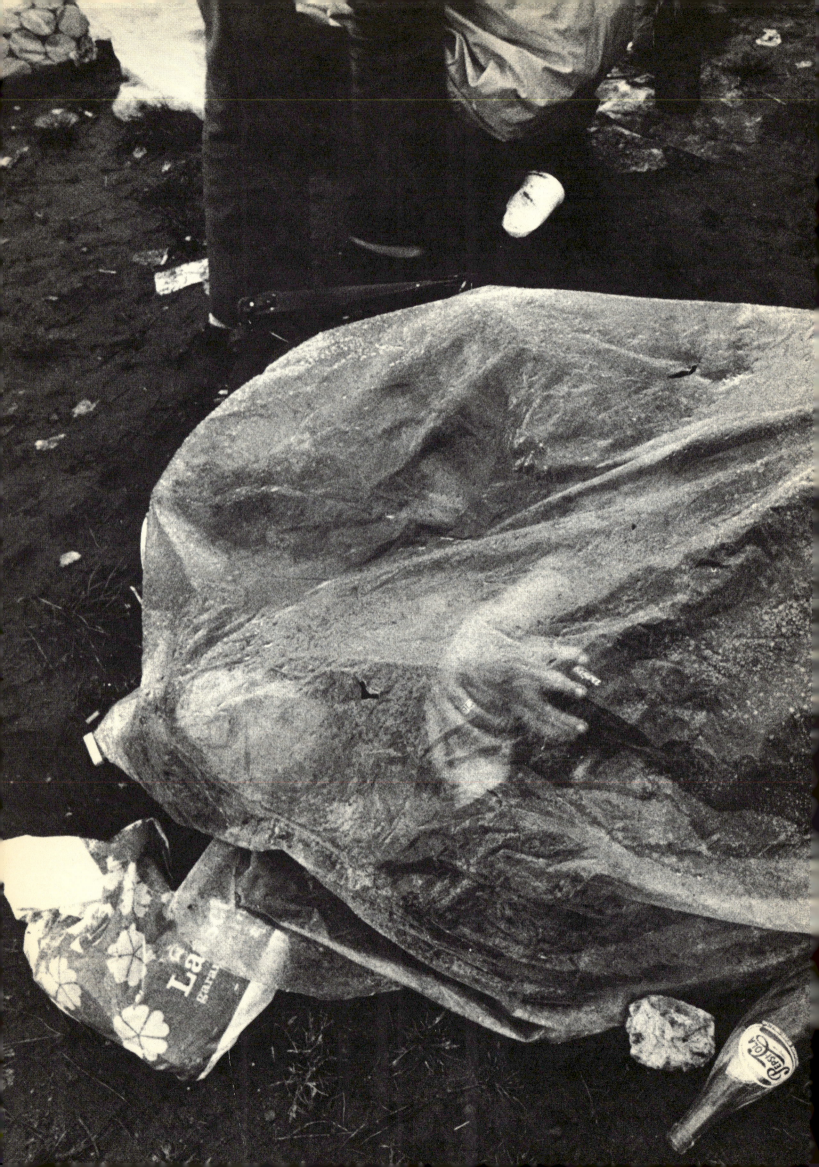

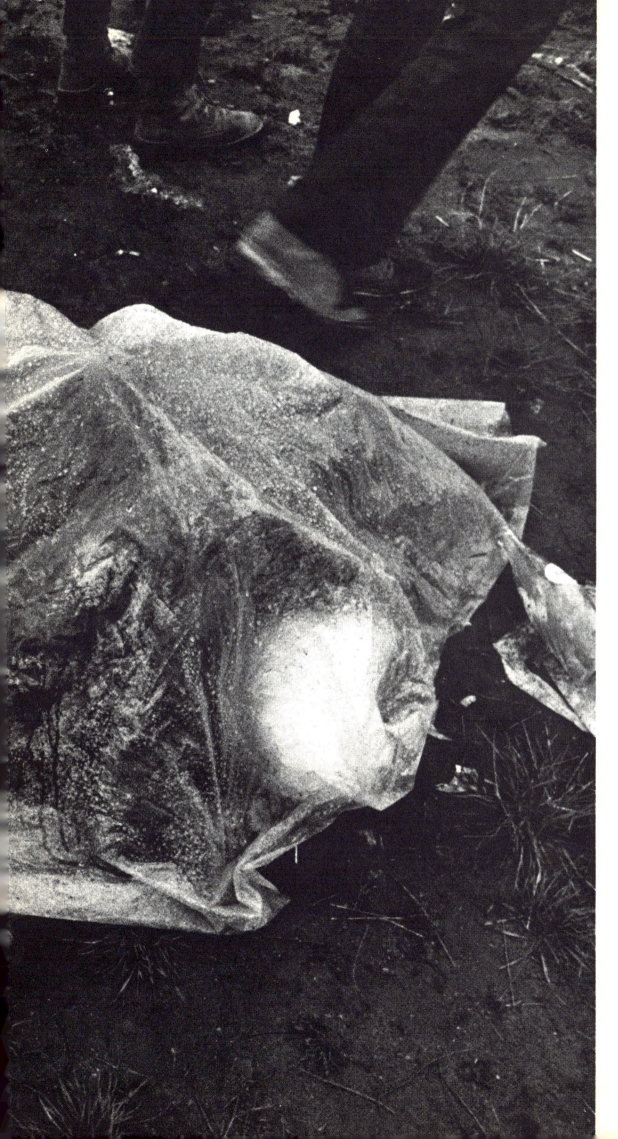

Paar
Frankfurt am Main 1970

wenn die götter schweigen

er hat eine hand
zwei hände   vielleicht
er hat einen arm
zwei arme   vielleicht
eine hand   einen arm
und sicher den namen
und   engel

Rudolf Bohren

Es wäre schön,
wenn die Größe
einer Nation
in jedem ihrer Bürger
Platz hätte.

*Stanislaw Jerzy Lec:
»Letzte unfrisierte
Gedanken«*

**Marschbereit
Flughafen
◀ Frankfurt am Main 1969**

**»Polizistenstunde«
Volksfest Würzburg 1970 ▶**

Jagdstrecke · In der Eifel 1969

»Die Jagd will und muß in unserer modernen Industriegesellschaft geistig neu begründet werden. Die Antwort auf diese Forderung ist keine Formel, sondern ergibt sich allein aus einer Summe von Taten...«

Dr. Kurt Lindner auf der DJV-Hauptversammlung 1968

Aber daß sich Sport und Schicksal ohnedies die Hand geben, liegt klar auf der Hand.

Karl Valentin:
»Allerhand Sport«

Boxer Peter Müller unparteiisch
Frankfurt am Main 1969

»Mundraub« · Köln 1970

Ich habe das Gefühl, in das wahre Geflecht des Lebens versunken zu sein, in seinem Brennpunkt zu stehen, ganz gleich, welchen Platz, welche Stellung oder Haltung ich einnehme.

Henry Miller:
»Wendekreis des Krebses«

Malteser-Hilfsdienst im Einsatz · Karneval Köln 1969

Ich bitte die Jugend von Nord und Süd, der entwickelten und der
unterentwickelten Welt, mir zu gestatten, ihr eine Botschaft mitzugeben:
Wenn ihr mich fragtet, was meiner Meinung nach das gültigste, das
stärkste, das wirksamste Ferment einer kulturellen Revolution sei, die
fähig ist zu der strukturellen Revolution, die die Welt nötig hat,
dann würde ich euch ohne Zögern antworten: das echte Christentum, ...
Und wenn ihr euch nach einem Führer umseht, der mehr als jeder
andere imstande ist, die Jugend zu verstehen, und unfähig ist, sie zu
enttäuschen, dann werde ich euch ohne Scheu sagen: Christus!

Dom Helder Camara: »Es ist Zeit«

»Frauenspersonen in unziemlicher Bekleidung, mit unverhüllten Ellbogen und unbedeckten Knien, ist das Betreten des Gotteshauses verboten.«

*Bruce Marshall:
»Du bist schön meine Freundin«*

Bekleidungskontrolle vor dem Petersdom Rom 1969

Auf Bahnsteig 7 · Essen 1968

Warten: ausgeliefert sein: der Neanderthaler dem Wild, dem er auflauert, der Prähistorische wie der Antike den Göttern, warten auf Gedeih und Verderb, Gnade oder Ungnade, die die Opferschau anzeigt, der Christ: Naherwartung, Endzeiterwartung: Paradoxie: der Gott liefert sich aus – solidarisch – den Ausgelieferten aus, in die Dialektik von Erfüllung und Hoffnung, schon jetzt und dem abschließenden Schluß am Ende der Tage. Der Nachchrist: Warten auf Godot: den, der nicht, der nie kommt: Verlagerung in den absurden Kreis: Identität von Hoffnung und Erwartung, Hoffen und Warten, Identität, die sich paralysiert: ausgeliefert an sich selbst, die eigene Potenz und Unpotenz, empfunden als Tragik, Absurdität, Freiheit, Emanzipation, ja nach Vitalität. Jetzt: Warten als taktische Geste?

Josef Ungerechts – WDR

Wochenendanfang · Frankfurt am Main 1969, Freitag 21.15 Uhr

»Wir können nicht genug auf die Pflicht zur Gastfreundschaft hinweisen als einer Pflicht menschlicher
Solidarität und christlicher Liebe, die den Familien und den kulturellen Institutionen der Gastländer obliegt,
um vor der Einsamkeit zu bewahren, vor dem Gefühl der Verlassenheit, der Trostlosigkeit, das jegliche
sittliche Widerstandskraft zerbricht. Diese Gastfreundschaft sind wir den Gastarbeitern schuldig,
die oft unter menschenunwürdigen Bedingungen leben und ihr Geld sparen müssen, um ihre Familien
ein wenig zu unterstützen, die sich zu Hause im Elend befinden.

»Populorum progressio«

Sammelaktion für die »Dritte Welt«
während eines Rennens auf dem Nürburgring

»Der Reichtum Europas hat sich nicht zusammengefunden, er wurde zusammengeräubert, das Phänomen
des Kolonialismus ist eine wesentliche Ursache für ihn, ohne die der Aufstieg Europas nicht geklärt
werden kann . . .
Mit der politischen Emanzipation sind die ehemaligen Kolonialländer nicht ökonomisch emanzipiert.
Die Startungleichheit läßt sie nicht hochkommen, an die Stelle der Ausbeutung durch offene Herrschaft
ist Kolonialismus in anderer Form getreten.«
Helmut Gollwitzer: »Die reichen Christen und der arme Lazarus«

...Weil eine solche Kirche dann weiß, daß sie der Welt kein hochmoralisches Theater vorzuspielen braucht, als ob bei ihr alles zum besten bestellt sei, daß sie ihre Schätze in sehr irdenen Gefäßen trägt, daß ihre Lichter bescheiden und flackernd, ihr Glaube schwach, ihr Erkennen zwielichtig und ihr Bekennen stammelnd ist, daß es keine einzige Sünde und Verfehlung gibt, die ihr nicht zur Verlockung werden kann und der sie nicht auch schon in dieser oder jener Weise erlegen ist, daß sie bei aller dauernden Distanzierung von der Sünde nie Anlaß hat, sich von den Sündern zu distanzieren? Ja, versteht sich die heutige Kirche wirklich so? Soweit sie dies bejahen kann, ist sie wahrhaftige Kirche.

Hans Küng: »Zur Zukunft der Kirche«

S-Bahn-Baustelle
Hauptbahnhof Frankfurt am Main 1970

»...Unter den fünfzig Befragten habe ich keinen entdeckt, der einem ausgesprochenen Hobby nachging. ›Was heißt Hobby? Nach der Arbeit ein paar Flaschen Bier und Faulenzen, das ist mein Hobby‹... Über 90 Prozent besitzen einen Fernsehapparat. Unterhaltung und Sport interessiert sie allein am Fernsehn. ›Ohne käm ich nicht mehr aus. Seit er im Hause ist, geh ich auch nicht mehr in die Wirtschaft. Nur die schweren Filme sollte man nicht bringen. Wir wollen Zerstreuung und keine zusätzlichen Probleme.‹
Ein einziger besucht sonntags noch die Messe, ein 20jähriger Katholik, der offenbar von seiner strenggläubigen Mutter dazu angehalten wird. Er bezeichnet sich selbst als ›gläubig‹, wirft aber ein: ›Was der Pastor von der Kanzel herunter predigt, ist mehr für die Reichen bestimmt. An uns redet er vorbei, weil er gar nicht weiß, wie es uns geht‹...«

Günter Wallraff:
»Wir brauchen Dich«

»Wir meinen oft, es gäbe nichts zu bessern, zu heilen, umzuwandeln, zu resozialisieren, es müsse nur richtig abgeschreckt werden. Brauchen wir diese schwarzen Schafe nicht doch als dunkle Folie, vo[r] der sich unsere bürgerlich-christliche Wohlanständigkeit um so heller abhebt?«

Politisches Nachtgebet Köln: »Strafvollzug noch/zu human?«

Kaufhausdieb und andere Leute · Düsseldorf 1969

Politisches Nachtgebet · Köln 1969

Einer fragte Herrn K., ob es einen Gott gäbe. Herr K. sagte: »Ich rate dir, nachzudenken, ob dein Verhalten je nach der Antwort auf diese Frage sich ändern würde. Würde es sich nicht ändern, dann können wir die Frage fallen lassen. Würde es sich ändern, dann kann ich dir wenigstens noch so weit behilflich sein, daß ich dir sage, du hast dich schon entschieden: Du brauchst einen Gott.«

Bertolt Brecht: »Kalendergeschichten«

Kirmes
Andernach 1968

Im Namen des allbarmherzigen Gottes.

Ist denn nicht ein großer Zeitraum über dem Menschen verstrichen, seit welchem er ein unbemerkenswertes Ding gewesen? Wahrlich, wir haben den Menschen geschaffen aus dem vermischten Samentropfen beider Geschlechter, um ihn zu prüfen, und haben ihm gegeben Gehör und Gesicht. Wir haben ihn auch geleitet auf den rechten Weg, mag er nun dankbar oder undankbar sein...

Koran: 76. Sure

»Gegen Mekka« · Warteraum Flughafen Frankfurt am Main 1969

Ich habe den Traum, daß eines Tages kleine schwarze Jungen und kleine schwarze Mädchen, kleine weiße Jungen und kleine weiße Mädchen sich als Brüder und Schwestern an den Händen halten werden.

Martin Luther King

»Rassenintegration« · München 1969

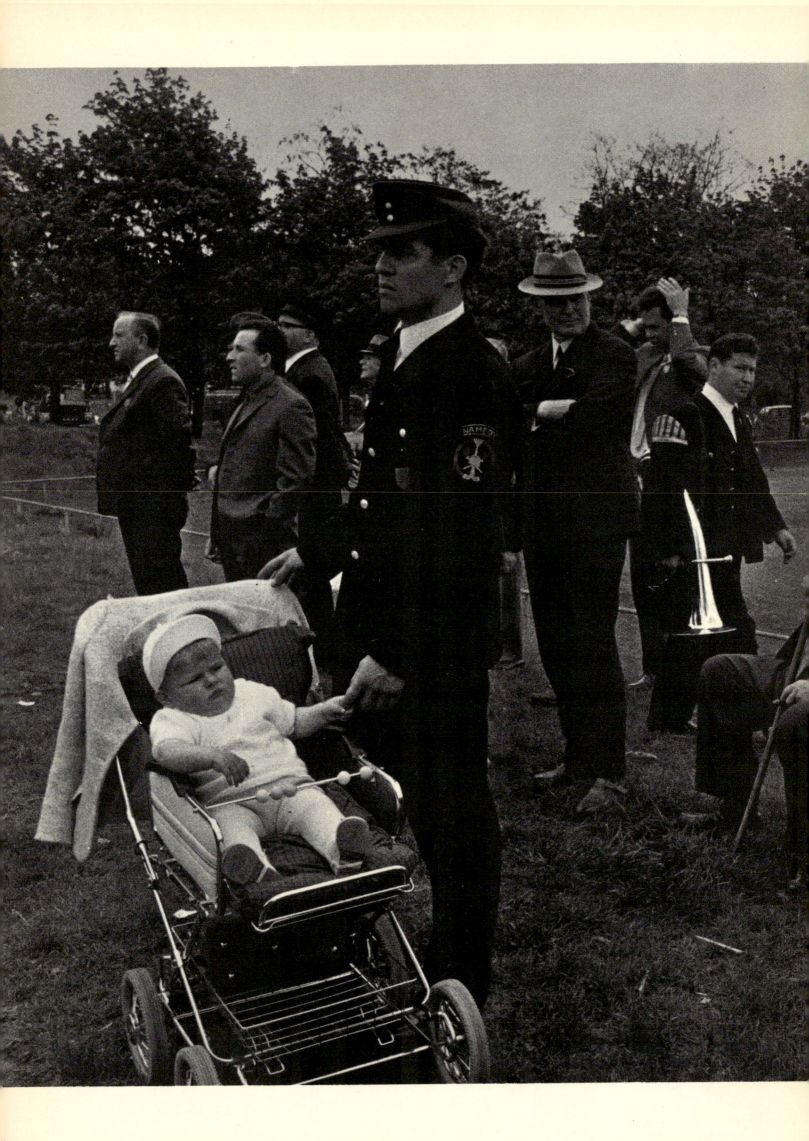

Feuerwehrübung
Mendig 1969

»Wir haben eine
Gesellschaft, in der ein
jeder Angst hat vor
dem anderen.
Nicht vor dem anderen
Menschen, sondern
davor, daß der andere
Mensch anders ist.«

*Peter Fonda,
Hauptdarsteller
des Films
»Easy Rider«*

Warten auf Anschluß
Starnberger Bahnhof 1970

Fotograf porträtiert · Traunstein 1970

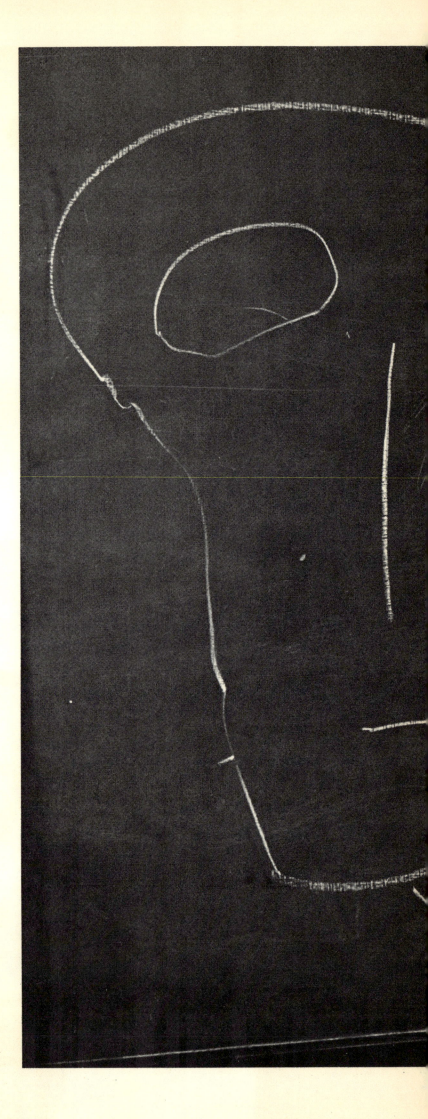

Die künftigen Menschen:
Sie werden Kraft und Zartheit sein.
Sie werden die eiserne Maske
der Wissenschaft zerbrechen,
um die Seele auf dem Antlitz
des Wissens sichtbar zu machen.
Sie werden Brot und Milch küssen
und mit der Hand, die das Haupt
ihres Kindes streichelt,
aus dem Gestein Metalle und Eisen
schürfen.
Mit den Gebirgen werden sie Städte
errichten.
...
Immer sind sie bereit
für den unerwarteten Gast
und haben für ihn gedeckt
den Tisch und auch ihr Herz.
Möget ihr ihnen ähnlich sein,
daß eure Kinder mit Lilienfüßen
unschuldig das Blutmeer durchschreiten,
das zwischen uns liegt und ihnen.

*Attila Jozsef, ein ungarischer Dichter
und Kommunist, der die Verfolgung,
den Hunger, die mörderische Einsamkeit
nicht mehr ertrug und sich mit
32 Jahren vor einen Güterzug warf.*

Die Texte des Bandes wurden mit freundlicher Genehmigung der Verlage folgenden Büchern entnommen:

Allen Ginsberg »Fußnote zum Geheul« aus: »Das Geheul und andere Gedichte«, Limes Verlag Wiesbaden.

Karl Pawek »Die Geburt des Menschen« – Aufsatz im MAGNUM 27/1959.

Gabriel Laub »Verärgerte Logik« Aphorismen, Reihe Hanser im Carl Hanser Verlag München.

Henry de Montherlant »Über die Frauen«, Verlag Kiepenheuer & Witsch Köln.

George Santayane »Masken sind bewahrter Ausdruck...« Motto zu »Wir alle spielen Theater« von Erving Goffman – Verlag R. Piper & Co. München.

Albert Camus »Der Mythos des Sisyphos« Kapitel »Das Klima der Absurdität« – Karl Rauch Verlag Düsseldorf.

Luise Rinser »Septembertag« – S. Fischer Verlag Frankfurt/Main.

Eugen Roth »Gute Reise« das Gedicht »Neuer Text« Carl Hanser Verlag München.

Polizeibericht vom 5. 11. 1969 – Polizeipräsidium Frankfurt/Main.

Mustapha el Hajaj »Vom Affen, der ein Visum suchte und andere Gastarbeitergeschichten« Kapitel »Die Deutschen« Jugenddienstverlag Wuppertal/Barmen.

Julien Green »Wenn ich Du wäre«. Aus dem Vorwort. Jakob Hegner Verlag, Köln-Olten.

»Ich hab kein Heim...« aus dem Musical »Hair« von Germone Ragni und James Rado.

Alfred Mühr »Die frechen Söhne – Sturm und Drang seit 2000 Jahren« I. Teil: »Einzug der Jugend in die Weltgeschichte« Athenaion, Akademische Verlagsgesellschaft Frankfurt/Main.

Ingeborg Bachmann »Anrufung des großen Bären« das Gedicht »Reklame«. R. Piper & Co Verlag München.

Aus einem Lied von Pink Floyd.

Ernst Bloch »Umrisse des gesuchten Landes« Antwort an Marcuse mit freundlicher Genehmigung des Autors.

Max Frisch »Tagebuch – 1946 – 1949« »Zur Schriftstellerei«, Suhrkamp-Verlag, Frankfurt am Main.

Stanislaw Jerzy Lec »Letzte unfrisierte Gedanken« Reihe Hanser im Carl Hanser Verlag München.

Alexander Mitscherlich, Zitat aus der Rede anläßlich der Verleihung des Friedenspreises des Deutschen Buchhandels 1969.

Reinhold Schneider »Winter in Wien« Notizbücher 1957/58 Verlag Herder Freiburg im Breisgau.

Rudolf Otto Wiemer »Schritte 19« das Gedicht »empfindungswörter«. Wolfgang Fietkau Verlag Berlin.

Carl Friedrich von Weizsäcker, Zitat in einer Sendung des WDR.

Kurt Tucholsky »Ausgewählte Briefe 1913–35« Rowohlt Verlag Reinbek-Hamburg.

Erich Kästner »Ansprache zum Schulbeginn« aus »... was nicht in euren Lesebüchern steht« Fischer Bücherei Band 875.

Wolf Biermann »Mit Marx- und Engelszungen« das Lied »Wann ist denn endlich Frieden« – Quarthefte Verlag Klaus Wagenbach Berlin.

Rudolf Bohren »Bohrungen« – Das Gedicht »Wenn die Götter schweigen« Peter Hammer Verlag Wuppertal.

»Karl Valentins gesammelte Werke« R. Piper & Co Verlag München. Aus den »Monologen«.

Henry Miller »Wendekreis des Krebses« Motto zu »Henry Miller« in »Die neuen Wirklichkeiten« Argon Verlag Berlin.

Dom Helder Camara »Es ist Zeit« Verlag Styria, Graz – Wien – Köln.

Bruce Marshall »Du bist schön meine Freundin«. Verlag Jakob Hegner Köln-Olten.

Hans Küng »Wahrhaftigkeit – Zur Zukunft der Kirche« Verlag Herder Freiburg im Breisgau.

Günter Wallraff »Wir brauchen Dich« Bertelsmann Sachbuch Verlag Reinhard Mohn Gütersloh.

»Politisches Nachtgebet in Köln« Verlagsgemeinschaft Matthias-Grünewald-Verlag Mainz / Kreuz Verlag Stuttgart/Berlin.

Bertolt Brecht »Kalendergeschichten« »Geschichten vom Herrn Keuner« rororo Taschenbuch.

Attila József »Gedichte«, Verlag Corvina Budapest, das Gedicht »Die künftigen Menschen«.